Los brazos y las manos

Julie Murray

Abdo
TU CUERPO
Kids

abdopublishing.com

Published by Abdo Kids, a division of ABDO, PO Box 398166, Minneapolis, Minnesota 55439.
Copyright © 2017 by Abdo Consulting Group, Inc. International copyrights reserved in all countries.
No part of this book may be reproduced in any form without written permission from the publisher.

Printed in the United States of America, North Mankato, Minnesota.

102016

012017

THIS BOOK CONTAINS
RECYCLED MATERIALS

Spanish Translator: Maria Puchol

Photo Credits: iStock, Shutterstock

Production Contributors: Teddy Borth, Jennie Forsberg, Grace Hansen

Design Contributors: Candice Keimig, Dorothy Toth

Publisher's Cataloging-in-Publication Data

Names: Murray, Julie, author.

Title: Los brazos y las manos / by Julie Murray.

Other titles: Arms & hands. Spanish

Description: Minneapolis, MN : Abdo Kids, 2017. | Series: Tu cuerpo |
    Includes bibliographical references and index.

Identifiers: LCCN 2016947565 | ISBN 9781624026508 (lib. bdg.) |
    ISBN 9781624028748 (ebook)

Subjects: LCSH: Arm--Juvenile literature. | Hand--Juvenile literature. | Spanish
    language materials--Juvenile literature.

Classification: DDC 612/.97--dc23

LC record available at http://lccn.loc.gov/2016947565

Levantamos cosas con los brazos. Will levanta la caja.

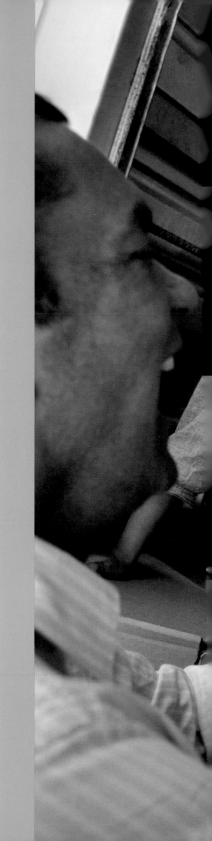

Los brazos **se doblan** en

los codos.

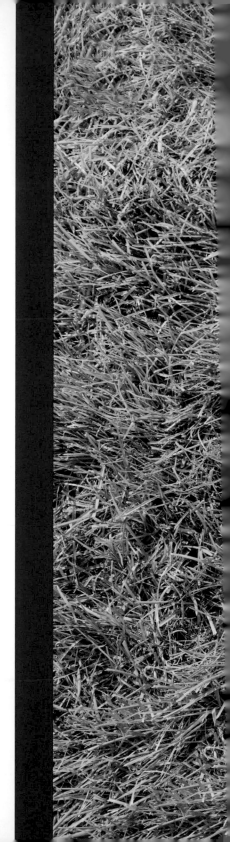

Las manos son parte del cuerpo.

Tenemos dos manos.

Cada mano tiene cinco dedos.

¡Tenemos diez dedos en total!

Tocamos con las manos.

Molly toca el conejo.

Agarramos cosas con las manos. Alan agarra la pelota.

Los brazos y las manos se

mueven juntos. Joe saluda

a su amigo.

Algunos animales tienen brazos y manos. Los brazos de los gorilas son largos. ¡Sus manos son muy grandes!

Partes del brazo y de la mano

Mano

Muñeca

Dedos

Antebrazo

Bíceps

Codo

Glosario

doblar
mover algo para que no esté recto.

levantar
agarrar.

Índice

abdokids.com

¡Usa este código para entrar en abdokids.com y tener acceso a juegos, arte, videos y mucho más!

Código Abdo Kids:
YAK1569